LOCUS

LOCUS

LOCUS

LOCUS

Smile, please

前途

溫世仁⊙著

蔡志忠⊙繪圖

Prospect

當一切都失去時，
我們還是會擁有「前面的路」，
一個人如何在苦難中學會成長；
在傷痕中站起來，繼續邁向前去，
那就是前途，那就是生之勇氣。

認識不一樣的前途

蔡志忠的前言

「我在四歲的時候，就開始思考我的前途了！」

每當我這樣說時，別人總是一副狐疑不敢相信的樣子，其實我一點都沒有誇大、騙人。

為什麼這麼小的孩子就會真正地去思考將來的前途呢？這要從我所生長的環境和我的母親談起……

我出生於 1948 年，台灣中部的一個靠山的小農村，村子裡的人除了極少數在農會、公所上班的人之外，其餘的大多數都是小學畢業就要出來工作分擔家計。有的人做土木水泥工，有的人替人拖牛車載物或當挑夫，而其餘的則是到田裡從事播種、除草、割稻等農事。這些工作無一不是依靠體力的勞動付出，才能換取微薄的工資。而我從小偏偏看起來身材瘦小孱弱無力……所以我媽媽經常在吃飯時警告我說：「怎麼吃都吃不胖，這麼瘦弱將來怎麼能去跟人家工作？我看你將來只好去馬路上撿牛糞度日了。」

當時的人，唯有四肢不健全的人才從事撿牛糞這個工作，而我當然打死不從，不肯在長大後去從事這麼卑微的工作，但自己身體不強壯，將來無能當一個夠格的農夫這也

是事實。因此每當母親這樣說時我就很惶恐，所以在四歲時就經常為將來的前途苦惱，常常趁家人不注意之時偷偷躲到父親的書桌底下思考，想啊想啊…想到將來如果不能做農夫的話，自己有能力做什麼？　直到有一天，我父親送給我一塊小黑板要我練習寫字，我除了在這塊小黑板上學會寫自己的名字和阿拉伯數字之外，還找到了我的興趣和專長……就在這塊小黑板上我找到了將來的『前途』，這個前途就是以畫畫做為我的職業，而我也的確由於五歲時的決定，而真正成為一個職業漫畫家至今。孔子說：「吾十有五而志於學，三十而立，四十而不惑……」

每個人打開門走出去時，是因為自己知道要去那裡！而人生這個大尺度的問題上更應該真正的深思熟慮自己的目標，才開門走出去！考慮自己的未來、編織自己的理想並規畫出進行的每個步驟就是在設計自己的前途。

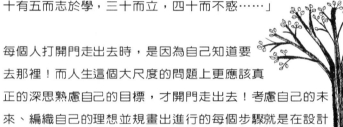

從前農業時代，外在環境、條件的變遷很慢，每個人只要訂下目標後，總是很容易隨著自己的意願向前邁進。但現今二十世紀短短的一百年中由農業社會轉變為工商社會，更進一步地快速邁入資訊時代。我們的父親這一代只要跟五千年前的人們一樣的節奏步調就可以隨著時代的輪轉而生活度日，但我們這一代將在資訊時代的快速節奏中走出自己的前途與未來，資訊工業時代是個光明而有展望的時

呀嘿！前途無量

代，但也是嚴格考驗個人能力的時代。我們個人如果想在資訊時代叱吒風雲闖出一片光明的前途，除了個人必需要有真正的實力與高度的敏感度之外，還必須加入真正適合自己的企業團體。因為21世紀電腦資訊時代會是一個超越國界藩籬的時代，一切都是以全球融合為主要目標的同步時代，沒有人能夠單打獨鬥自外於跨國的企業體系之外。

所以，在這種瞬息萬變的電腦資訊時代中，個人要仔細慎重地考慮個人未來的前途，考慮周全之後再依所訂下的目標去補強自己可以皈依的企業團體，然後再全力以赴地投入與之共同奮鬥共同分享利益，一個公司的前途也就是個人的前途，很多個人通力合作才能共同創出大家的公司前途。

創造前途的方法很多，某些人透過資訊、知識的吸收，自我摸索到個人的前途。作家、哲學家則是透過他們的著作，讓很多人從其中得到啟發而找到他們的前途。很多有先見的企業家則是洞察先機地先闖下了一片天下而為很多人創下了前途，更替國家創下了經濟體系的前途。

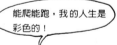

能爬能跑，我的人生是彩色的！

溫世仁先生便是一位這樣有先見的企業家，他與台灣另外幾位電腦資訊業的領導們如宏碁的施振榮先生等，互相激勵地共同為台灣創了電腦資訊王國的前途。套句廣告台詞：「如果沒有電腦資訊業，台灣的未來是黑白的；有了電腦資訊業，台灣的前景是彩色的。」

這本書是溫先生經營電腦資訊二十多年來的經驗所得，為所有已經加入企業以及尚未開始工作的眾多個人提出他的建言，希望讀者們能從這些立論裡正確地找到個人未來的光明前途。

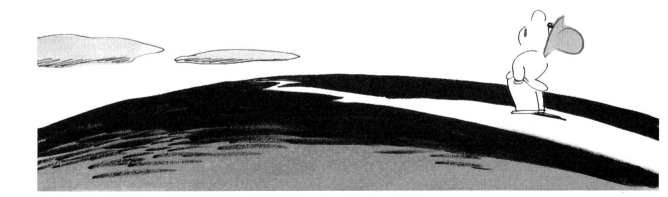

面對不可知的明天

溫世仁的序言

東京的街頭，從傍晚開始，就可以看見街頭上，有許多算命的小攤子，一張小桌子，幾張小椅子，一盞小燈，一個算命師，就可以做生意了。十幾年前，我住在日本的時候就有了，現在好像越來越多，從前顧客多是年紀較大的，現在年輕客人也很多，不只是升斗小民去算命，聽說有些表面上主宰別人命運的政治家和企業家，有時也是座上賓。在這個可說是世界上最先進的城市裡，為什麼會盛行著「不問蒼生問鬼神」的事情呢？

科學愈發達，好像治不好的疾病更多，社會愈進步，好像人們的不確定性愈高。科學與迷信之間也只是一線之隔，有些人甚至說，可以解釋的叫「科學」還不能解釋的叫「迷信」。

從歷史的洪流來看，一個人一生幾十年的歲月是短暫的，但對一個人來說，那是他的全部。我們常說年輕人前途遠大，意味著生命如果是一條八、九十年的道路，只走了二、三十年的人，他前面的路還很長。事實上，對每一個生存的人來說，都有前面的路，對前面的路充滿了好奇、擔心和期盼是

人類共同的心態，這便成了算命師和未來學家的市場。

我不是一個作家，但是二十年來我一直在寫，只因為在學校時，國文老師一句鼓勵的話：「你的文章寫的不錯，希望你畢業後，不要只顧著做生意，要繼續寫，生命才會更充實。」本質上，我是一個企業人，由於工作的關係，一直在旅行，一年要搭100多次飛機，一年中有超過300個晚上，投宿在不同城市的旅館，在那些「浪跡天涯，以心為家」的日子裡，跟我同行的通常只有我的電腦設備和我的筆紙。經常在不同的國家、不同的城市和各式各樣的人見面、交談，他們都是我最寶貴的知識、經驗和感性的老師，感動的時候，提筆就寫，我知道自己所寫的不是文章，是人生。

也是因為這樣居無定所的生活，我要不斷精密的計劃前面的行程，開始是以週為單位，接著是以月為單位，後來幾乎是要把前面半年的行程和計劃都先做好，才能夠把事情按部就班的完成。做好半年的行程計劃後，根據工作變化的需要及所要見的人行程的改變，經常也要做一些調整，久而久之，自己也很習慣於這樣的生活方式。

慢慢的，我就聯想到我們人生前面的路，就是「前途」，是不是也可以用比較實際，比較精密的方法來處理，而不是相信或不相信算命的話，或聽天由命的來看待我們一生只有一次永遠無法回頭的「前面的路」。

站得愈高，
看得愈遠。
考慮前途時，要以最大的宏觀角度才能看得最清楚。

於是，我開始寫這本書「前途」。我要說的不是算命師的預言或是未來學家的預測，而是如何去面對自己的前途，面對自己未來的日子，做一些了解和規劃，設定自己的方向和目標，努力去完成它。

在這書裡，我們會談到人的生命意義和個人的前途，同時也會談到企業的前途和上班族的前途。現代的社會，大多數的人都是屬於或依附在一個團體裡，團體的前途與個人的前途息息相關，因此我們談個人的前途、談團體的前途，也談兩者間的共生關係及前途發展。企業不能代表社會所有的團體，它只是比較有代表性的，也是我比較熟悉的團體，所以我舉企業為例，來闡述團體與個人在「前途」這件事上的關係，相信讀者能從其中的說明，看到更廣義的表達。

白色蝴蝶中的羅勃是活生生的例子，讓我們不再把「前途」侷限於年輕人的故事。

生命是詭譎而多變的，也因為如此，才使人生多彩多姿，任何對「前途」精密的規劃和期盼，不管是樂觀的還是保守的，都可能因為人世的變化和意外而改變。但是航行在人生的大海上，有一張粗略的航海圖和一個簡易的羅盤，應該要比赤手空拳的駛入茫茫的人生大海好

每個人都有夢想，
經過時間、毅力的實踐而
辦到的，才是理想。

自己沒有能力辦到的夢
想，只是妄想。

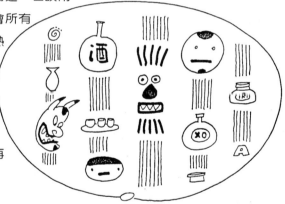

些。對「前途」的深入探討與規劃，會使自己更有信心去面
對不可知的明天。

每個人成為了什麼？
正因為他選擇了什麼路。

每個人要邁步向前之前，
要先選對了他自己的前途⋯⋯

Prospect
前　途

目錄

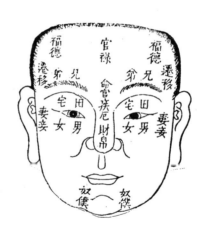

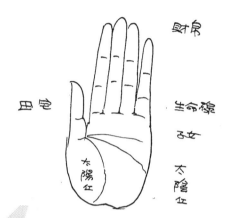

Prospect

前　途

佛陀說：

『做自己的燈，

指引自己的道路。』

Chapter *1*

生命意義—— 你屬哪一派？

人僅僅知是不夠的，他們必須存在。
——亨利・來德

1.造物主派

你從哪裡來？要到哪裡去？活在世上是為了什麼？

有一天，佛陀（釋迦牟尼）和祂的四大弟子在修練，其中有一個弟子，忽然站了起來，說：「我不練了，除非你能回答我三個問題，我從那裡來的？我死後往那裡去？我活在世上是為了什麼？」其他的弟子也都睜大了眼睛看著佛陀，顯然對生命意義的探索，是他們心中最大的疑團。佛陀仰頭看著天空，然後帶著微笑，安詳的說：「印度有一個男子，身中毒箭，他沒有弄清楚是何人所射？箭簇的羽毛是什麼做的？箭桿的材質為何之前，他拒絕拔出毒箭。」

宗教如果只是勸人為善，則與道德沒什麼不同，勸人為善只是大多數宗教的功能之一，對生命意義的探討和詮釋，才是宗教的主要功能。

英國最偉大的歷史學家湯恩比教授，在他的「比較宗教學」中，曾經對各種宗教有深入的分析。自古對生命意義的看法，大抵可以分為三個流派。

以天主教、基督教、回教、猶太教為主的宗教，他們相信在宇宙之中，有一個至高、至大永遠存在的造物主，祂創造和支配這個世界，萬物萬事多照著祂的旨意運行。我曾經聽過

一個外國牧師講道,當有人問到基督教所說的上帝(耶和華)是什麼樣子的?他說我們無法定義上帝,因為祂是至高無上的,比我們所有知道的事物都更偉大,如果我們可以說祂是什麼,那祂就不是上帝了,就像我們無法形容無限大是什麼一樣。

古老的宗教,拜的是自然界的象徵,像太陽、大地、巨石、大樹、火等等,當這些宗教遇到造物主派的宗教時,都矮了一截,因為造物主派的宗教所崇拜的神,基本定義上就比其他宗教的神更偉大、更久遠。因此,造物主派的宗教在傳教時,幾乎是所向無敵,橫掃了整個中東及歐洲,一直到他們遇到了亞洲的佛教。

2.非造物主派

了知生、老、病、死，照見五蘊皆空，度一切苦厄

2500年前誕生在尼泊爾的佛陀，有著無比的智慧和愛心，祂放棄了尊貴的王子生涯，到深山遍訪修道的高人，尋求解決生、老、病、死等人生苦痛的答案，最後，在精疲力盡的時候，在一棵菩提樹下坐了下來，忽然悟出了真理。世界上並無解決生、老、病、死這些苦痛的神蹟，但一個人如果能夠修練自己的心，達到肉體和精神分離的境界（即是成佛的境界），人間的一切苦痛就不存在了。成佛之後，身體只是皮囊，記得日本曾經有一個和尚，被人用火燒死，他坐在火中卻露出微笑說：「絕滅心頭火亦涼」，這大概就是成佛的境界。

佛教就是最標準的非造物主派，認為宇宙並沒有造物主，人的一生應是修練肉體與精神分離的過程，達到成佛的境界，人間的苦痛就成空了。暹邏（泰國）的女王，不遠千里去拜見佛陀，聆聽佛陀的教誨後非常感動，回國前，她問佛陀說，她回去後要拜什麼神像，佛陀知道她還沒有完全悟道，就說：「妳現在拜什麼樣的神像，就繼續拜好了。」

如今，世界上的佛教徒，除了釋迦牟尼
外，拜的佛像也都有所不同，對佛陀
的真理來說，拜什麼都不是很重
要的，因為佛在人們的心
中。

3.撞球派

人生就像一顆球，一下東，一下西，只管向前衝

有些人不屬於任何的宗教，也不見得熱衷於生命意義的探討，他們的生命像一顆撞球，在人生的檯桌上，靠著一股推動的力量（可能是名、利、權、愛情或成就感等等）向前直衝，直到碰到牆壁或另一顆撞球（另一個人），才改變方向或停下來，接著靠另一股力量向另一個方向前進，直到落入球網中。很多人有意或無意的成了這種生命意義的派別。

孔子的弟子曾經問孔子：「敢問死？」孔子說：「未知生，焉知死」。至聖先師孔子不語怪、力、亂、神，對生前死後的事，也不表達他的看法。受儒家思想兩千多年影響的中國人，對生命意義的看法，也比較實際，生前死後的事，遠不如人生在世的日子重要，對很多人來說，最重要的生命意義就是「前途」，沒有前途，生命的意義就不大了。

晚上去看電影好呢？還是去PUB好呢？還是去打撞球？真是難決定呀！

Prospect
Prospect
前　途

無論我們現在處境
情況如何？
讓我們安慰的是…
「我們還有未來！」

我們自己的未來，
我們所加入的團體的未來，
和整個世界的未來。

未來是個理想也是夢想，
而達至理想的未來之路
就是「前途」。

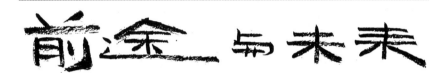

如何抵達未來的標的，
就是我的前途。

英國歷史學家湯恩比說：「凡是不把未來考慮在內的…
必將會被未來所覆沒。」

未來

每個人都得為他的未來
做考慮

考慮未來
必須先考慮自己的條件、
能力與意願、性向……

我會什麼？能夠什
麼？想要什麼？

人在變…未來的
客觀條件也在變

但更重要的也要考慮未
來的客觀環境會
變成怎麼樣？

如果我們不考慮時空的瞬息萬變，
客觀環境的快速變化，而只是自己閉門造車
一昧的以自我的立場去做…

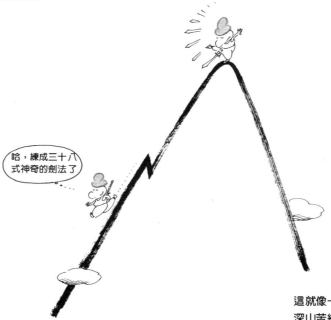

哈，練成三十八
式神奇的劍法了

這就像一個人到
深山苦練劍術，等
到他練成天下無敵的
劍法之後，才發現別人
都早已經改用洋槍
大砲了一樣。

未來

抵達理想中的未來之路
就是人的前途。
每個人都努力的踩著前途
邁向未來之路…

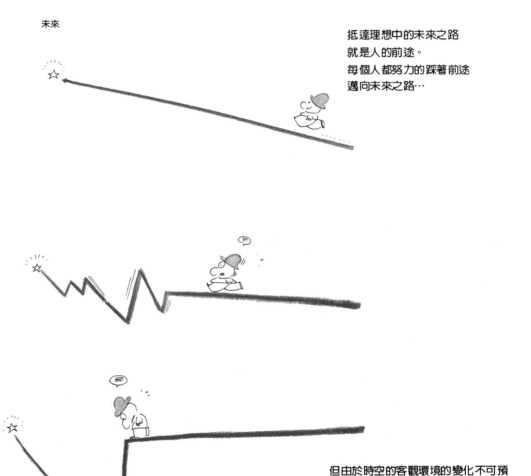

但由於時空的客觀環境的變化不可預
期，前程之路常遭劇烈的變動，乃至
形成了個人難以跨越的鴻溝而無法抵
達原本設定的目的地…

一個人的力量
是很有限的…

哇！我一個人抵
達不了目標啦…

個人的力量往往
很難突破時空
環境的障礙…

團體
財團
法人
合作
企業
公司

因此
人發明了群體，
人加入了群體。
由群體發揮了團隊力
量，因而客觀的環境障
礙再也不成為問題。

一隻螞蟻談不上
什麼力量，
但一百萬隻螞蟻組成
的軍蟻團體卻可橫掃
亞馬遜熱帶雨林，所向
無敵……

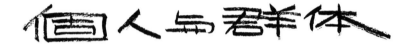

個人与群体

人是群居的動物
自古以來就是如此，

現在也是如此，
未來更是如此。

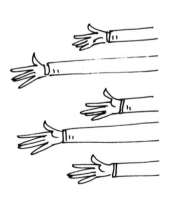

Chapter **2**

個人前途—— 操之在我

成為一個有用的人，不是根據我們的願望，而是根據我們的力量。
——佚名

我快樂，因為我常微笑！

4.正確的人生觀

**人的前途，不在臉上，也不在手上，人的前途關鍵
於正確的認知**

前幾年，有一部電視劇「北京人在紐約」，看到這部電視
劇，就聯想到自己在台大求學的時候，當時台灣學生對留學
趨之若驚，尤其是到美國，就如劇中所述的一樣。是不是中
國人的命運都差不多，千辛萬苦的跑到國外，遭遇到各種困
難，卻在互相幫助、互相忌妒間，交織出說不完的故事。

年輕時，我常思考這個問題：到底我們一股腦兒的往國外跑
是不是對的？很多人都在做的事，不一定就是對的。一個人
到底應如何界定自己的前途，尤其是剛從學校畢業的人，面
對社會該如何選擇自己一生的職業和方向？

我想有三個原則，對決定個人的前途，會有參考價值的。

最近，我寫了「成功的定義」「致富之道」「快樂的權利」三
篇文章。在一個被科技、資訊及金錢大量衝擊的世界裡，有
一個很基本、很重要的事情，被我們淡忘了，那就是「正確
的人生觀」。傳統的人生觀說法已太八股了，新的人生觀又
太現實，這是促使我寫這一系列文章的動機，希望能拋磚引

玉的，引起大家再來注意「正確人生觀」的重要性。

一個人在界定自己的前途時，最好不要將自己的前途定義在
要賺大錢、出人頭地、做給某人看等等，這一類狹義的基礎
上。首先要讓自己對人生有正確的看法，在平衡的心態上，
很踏實去界定自己未來的路。

若沒有確立起正確的人生觀，你很難決定自己將往何處，甚
至很容易扭曲了自己。

如果我們不關心自己的
前途…
我們的前途自然也就
對我們不在乎。

5.對世局正確認識

對世局認知錯誤，會讓人做出錯誤判斷，小則損失金錢，大則危及生命

很奇怪的，我們常看到很多人在決定小事情的時候很慎重，在決定自己的前途，這種大事的時候，卻只聽信幾個人的意見或憑自己直覺的想像。

1992年有一天，我在上海，和幾個年輕人坐在一起聊天，彼此雖不是很熟，還是聊得很熱烈。其中有一位很聰明、很激進的年輕人，滔滔不絕的說著美國的種種好處，後來我很好奇的問：「這位同學，你去過美國嗎？」他說：「我就是沒去過，所以很想去啊！」我繼續問：「那你怎麼知道美國有這麼好呢？我並不覺得···」他打斷我的話說：「哎，你不知道，美國真的好的沒話說，他們的···」我有點無奈，笑笑的說：「我是不知道，但至少美國我也去了70幾次，真的不覺得美國有那麼好，中國也沒有那麼差啊！」

留學本就是從一個城市到另外一個國家的某個城市讀書，為了學習更多的知識及當地語言，對年輕人來說應是生命中一個上進的過程。不需要把留學看成出人頭地，對其他國家的嚮往或是生涯改變的機會，要去國外某地的學校留學，可先

從該校的簡介資料去了解可學習的知識內容,閱讀與該地及該國有關的資料、風土人情、氣候等資料,不要連那個學校在地圖上什麼位置都不清楚時,就貿貿然搭飛機去了。

要認清世局並沒有想像中的困難,有一個簡單的方法,就是每天看30分鐘的電視新聞,今天我們電視新聞的製作水準與內容,與國際上的電視新聞沒有什麼大的差距了,可用錄影機固定錄下每日30分鐘的電視新聞節目,那是許多專業記者全球搜集資料,整理後的精華,養成每天看電視新聞的習慣,對世局就會有比較客觀、比較正確的認識。

每天花30分鐘
看電視了解世局

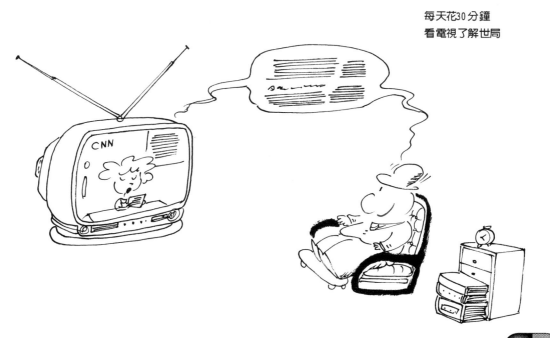

6.設定可行的人生目標

登高必自卑，行遠必自邇。莫要企圖一舉造海，必須先從小溪做起

一個歌手要進入歌唱的行業，或是一個作家要從事寫作的生涯，他們多會找一、兩位歌路或筆路與他們自己比較相近，已經成功的前輩，先學習他們成功的法則，慢慢的再走出自己的路。一個人在設定自己的人生目標也是一樣，先了解自己適合做什麼事，設定好目前可行的目標，努力去達成，達成後再設定好下一個可行的目標。

記得十幾年前，我在當總經理的時候，有一天早上，工廠的警衛抓到了一個19歲的年輕技術員，從工廠偷了一批機器準備去賣，照我們公司的規定，應把他移送法辦。「等一下，這樣的一移送法辦，他一生都會受到影響。」於是我把他找來，那年輕人長得眉清目秀、口齒清晰，人也很聰明的樣子。我問他：「你為什麼要這麼做？你應該知道這些是公司的資產，你偷了它是犯法的，這樣做會斷送你的前途的。」他低頭不敢回答，過了許久，他含著眼淚說：「我這樣做是不得已的，我和我的女朋友一直立志要去開孤兒院，去照顧那些沒有父母的孩子，但是我們沒有足夠的錢。」

我說：「這個理想很好，但是以你們目前的條件是做不到的，你應該好好的做技術員，學更多的技術，賺更多的錢，將來有一天，你和你的女朋友存夠了錢，才談得上去幫助別人。今天我不把你移送法辦，但是你要離開公司，希望你永遠記取這個教訓。」

看著那年輕人畏畏縮縮的離開我的辦公室，我內心有點感慨，作為一個企業理智的最高主管，我本不該相信他的說辭，也許我也曾經年輕過，也曾經有過這一類的想法吧！

小學時寫作文，大家都立志做偉人，有的要當總統，有的要當愛迪生第二，我不曉得這種教育方法是否正確，人類可能因為有夢才偉大。但是在現實的生活中，設定可達成的目標努力去實現，是比較有意義的。

人生就像去餐廳點一客套餐一樣，根據自己的胃口與肚子的容量訂下你所要的目標……
但得先要了解自己荷包裡的鈔票，

個人在面對自己的前途時，根據正確的人生觀，對世局正確的認識及對自己的了解，較客觀的描繪一個生涯的藍圖及輪廓。這個「輪廓」隨著自己的成長及週遭環境的變化再因時、因地的修改及調整。同時設定近程、具體可行的目標，一步步去達成，不用和別人比，如蔡志忠常常說的：「做最好的自己。」

1000萬年前
非洲是地球上
生命最茂盛密集
的地區。
而我們的人類
也來自於非洲，
人類的腳印正是從非洲
開始……

這是第一個人類
走的一小步……
但也是人類史上
的一大步！

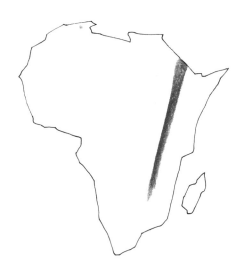

大約一千萬年以前
非洲大陸的東邊
裂開了成為一個峽
谷⋯⋯
把一整塊非洲
分割為兩半。

於是造成了東西非洲氣候環境
的改變，東非原本叢林密佈
的區域漸漸地林地樹木逐
漸稀少⋯⋯

WEST

EAST

人類的祖先原本是生活
於樹林之上，並依靠樹
上的果實和嫩葉生活…

樹木稀少之後
拉大了樹與樹的間隔，
乃至人類的祖先無法藉
著樹與樹的連接，在
樹端橫越。

於是，
人類被迫只得爬下樹來，
在陸地上行走，由這棵樹走到另一棵樹，
採集所需要的水果嫩葉。於是慢慢地。人類
的祖先由爬行演化為可以直行，乃至奔跑以
及可以用雙腳快速自如地行動。

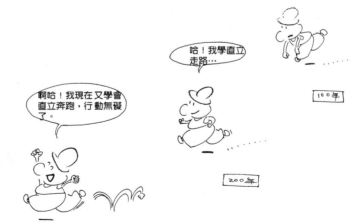

Prospect
前　途

由於樹木
逐漸稀少，人類已經無法
從樹上取得一切生活所需，
於是被迫要從樹上移到
地面的草原討生活……

Chapter **3**

企業前途—— 捨我其誰

要以偉大的思想去滋養你的心靈，如果一個人相信英勇的事情，
他就會成爲英雄。——班傑明・狄斯累利

7. 企業也有生命意義

社會機能即是企業的生命意義，不能迎合社會機能的企業，就會淹沒在歷史的洪流中

談企業的前途以前，先探討一下企業存在的意義，人的生命意義有許多不同的說法，企業的生命意義卻很單純，企業的生命意義就是「社會機能」。

兩百年以前，這世界上幾乎沒有公司或企業這個名詞，「企業」出現在產業革命以後。從前人做生意，就是開個「百年老店」父承子繼。而企業的由來，是為了因應社會機能的轉變。

產業革命以後，不管是資本主義的市場經濟還是社會主義的計劃經濟，都需要「大量生產」，譬如有人專做鞋子，有人專做雨傘，有人專做車子，因為要大量生產就需要集合大量的資金、人才、生產工具、原料等等，因此「企業」應運而生。開始的時候是大量生產的企業，後來大量銷售、大量服務的企業也陸續登場了。產業革命改變了人類社會的結構，使社會機能的提供漸漸專業化，「企業」就是因應提供某種或某些專業化的「社會機能」而誕生的。

一個企業所提供的社會機能，若不再為社會所需要，或其機能被其他的企業所取代，它的生命意義就消失了，就不再有存在的價值。水桶就是一個例子，從前，我們家附近有一個專門製造鐵桶（鐵皮做的水桶）的工廠，每天敲敲打打的，工廠的老闆是我們那附近最有錢的人，後來出了塑膠水桶取代了鐵桶，比較輕、比較便宜也不會生銹，於是這個鐵桶工廠的社會機能被其他企業取代了，就關廠了。後來大部分人都使用自來水，塑膠水桶的需要量就大幅減少了，其社會機能逐漸消失，很多業者都結束營業或轉業了。

在中國有許多國營企業，是因應計劃經濟而生的，為了提供國內民眾的需要，有的企業做自行車，有的企業做電視機等等，這些國營企業成立後提供了固定的社會機能，也照顧了許多員工。改革開放以後，外國製的商品大量進入中國的市場，取代了國營企業原有的社會機能，使中國許多國營企業陷入了困境。

除了自己之外，
沒有誰比我們自己
更了解自己。

不管是資本主義或社會主義
的企業，他們的前途都取決於
一個重要的前提，就是有沒有提
供「社會機能」。

43

8.企業的適當規模

太大太小都不好，可控制整合、具備活動機能才恰當

企業是為了提供某些「社會機能」而生，企業成立以後，馬上碰到的問題是，我們的企業要有多大的規模，規模太小了怕沒有競爭力，規模太大了又怕無法養得起，這往往是創辦或經營企業的人，心中的疑問。

有一次，台灣幾位知名的企業家請我吃飯，他們很謙虛的說，有一些事情要向我請教，我覺得很惶恐，在席間幾經交換意見後，我發覺大家真正想知道的問題只有一個，就是企業的適當規模。「我的企業應該有多大？多少員工？要不要增加生產線？要不要增加資金？···」

通常，一個企業的適當規模，可由三個條件來界定：

第一、 從事最大活動的最小規模

這是什麼意思呢？我們用一個具體的例子來解釋。

假設我們現在要開一個廠，去生產個人電腦用的監視器，監視器的全球市場大約是每年6000萬台，行銷監視器最大的客戶佔市場約10%，就是600萬台，通常一個客戶不會將所

有的訂單下給同一個工廠，最大限大概是一半，就是300萬台。這就是說，如果開了一個監視器工廠，可能接到的單一最大訂單就是一年300萬台，300萬台就是這行業的最大活動，如果開了一個廠每年生產300萬台監視器，就可能承接市場上最大的訂單，即從事最大的活動。

如果我們找到的「最大活動」是每年300萬台，接下來就是要規劃每年生產300萬台的最小規模，如果你的企業是由小漸漸擴大達到300萬台，用了2000員工，15條生產線，應該研究如果用1800人、1500人或是更少的人數，用14條線、12條線或更少的生產線，能不能達到同樣的300萬台。維持300萬台年產量，把組織縮到最少，就是從事最大活動的最小規模。這個規模就是企業最起碼的規模，小於這個規模，也不見得不能生存，只是它不是適當規模，經營起來可能比較吃力。

第二、可整合範圍

找到了一個企業「從事最大活動的最小規模」，能夠妥善的經營這個起碼的規模，就表示你能夠在該行業立足了，接著隨著業務擴充，規模也會逐漸擴大，要注意到企業主管群的整合能力，有的企業賺錢後，就盲目擴充，使企業超出了整

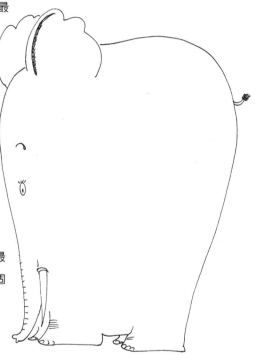

大象規模是很大但行動不夠快速……

老鼠雖然機動性夠，但小而無規模。

合能力的範圍，反而出了問題。經營企業不是參加賽跑，跑了第一名，拿了獎牌就結束了，企業是一個永續經營的組織，每年都要有一定的收入才能維持下去，今年盲目擴充勉強的衝了第一名，可能使以後的數年負擔沈重。所以，維持企業在適當規模的第二個條件，就是經常讓企業控制在可整合的範圍內。

第三、 強而快

使企業達到「能從事最大活動的最小規模」，然後逐步擴充，也都能控制在「可整合範圍」內，但是如果組織鬆散、行動緩慢、競爭力不強，也不算是適當規模。一個企業從與其他同業競爭力的強弱、反應速度的快慢，可揣摩出自己的適當規模。當一個企業達到它自己的適當規模時，它最少是能「從事最大活動的最小規模」，隨時將組織控制在可整合範圍，同時在同業中是強而快的。

唯有老虎、獅子、豹才真正的有足夠的規模和機動的變化速度。

觀察自然界也可以悟出同樣的道理，自然界中強壯的動物，像獅子、老虎、豹、野牛等都差不多

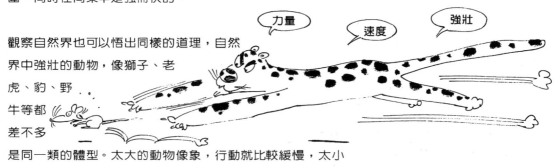

力量　速度　強壯

是同一類的體型。太大的動物像象，行動就比較緩慢，太小的動物像貓、狗、老鼠則無法在原野狂奔，從事最大的活動，用我們的話來說，都不是適當規模。

9．企業的競爭力

有了I＋Q＋C，企業身強體健，具備競爭力

企業的前途除了取決於提供「社會機能」及是否有「適當規模」外，最重要的是有沒有競爭力。

今天，企業是否有競爭力，可用三個因素來分析。

第一、 創新（INNOVATION）
今天的企業，競爭非常激烈，暢銷的產品，很快的被同業模仿或超越，因此，企業大部分的利潤來自新產品的開發。因此創新能力是衡量企業競爭力的第一個因素。

第二、 品質（QUALITY）
品質是企業的生命，一個企業生產的產品或提供的服務，如果品質不好，很快的就會被消費者唾棄，喪失其競爭力。

第三、 賺取現金的能力（CASH）
一般我們總認為會獲利的企業，就是好的企業。但是一個企業獲利的能力是根據其財務報表，財務報表有時是會誤導的。假設一個電視機廠生產了10萬台電視機，還沒有售出前，那都是資產，只有在賣掉後，才能清楚是盈或是虧，如果

這批電視機已經過時，其製造成本是 8000 元，賣出去只能賣5000元，未賣以前仍以8000元出現在財務報表的「資產」科目上，如果一個廠只把會賺錢的產品賣出，過時的存在倉庫裡，財務報表會顯示獲利，實際上可能已經虧損。因此，衡量一個企業的競爭力，了解其獲利能力還不夠，要了解其賺取現金的能力。

企業的前途決定於三件事，其所提供之「社會機能」是否繼續存在或會不會被取代，企業的大小是否是「適當規模」，企業在同業間，有沒有競爭力。

企業的前途不只是對企業主及經營企業的人是重要的，對在企業裡上班的上班族也是休戚與共的。

依自己的能力、條件、性向…訂下可行的人生目標。

人類的祖先到了地面草原時，
才發現其他的動物比他大、
比他強、比他兇猛有力、
速度也比他快得多。

哈！是新移民適應不良症。

我原本生活在樹上，但生活不易，所以移居草原討生活，但哪想到地面的環境更惡劣，我的速度無法抓住老鼠，更不用說想對付獵豹、獅子…

你一個人當然無能面對惡劣的客觀環境，所以必須加入群體，團結就是力量，才足以對抗外在的一切。

哦…

每個人的能力、條件都不同，群體的作用就是讓每個人有充分發現自己長處的機會，分工合作來共同創造利益。

加入群體有什麼好處？

一個人單打獨鬥時代只能做採集，集合群體就有能力躍昇為狩獵工作，本企業團體經營的主要項目正是圍捕野獸。

請問你們這個團體經營什麼行業？

團體的好處就是分工合作，
讓大腦最好的人專司思惟
工作……

讓最善於追蹤的人
負責搜尋線索…

讓速度最快的飛毛
腿做最後衝刺的工作…

55

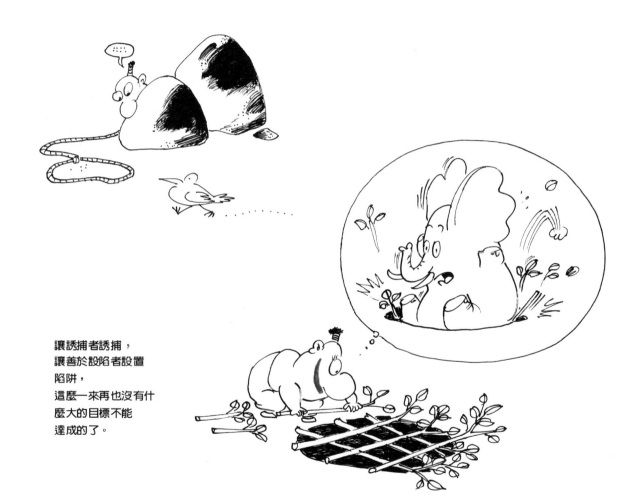

讓誘捕者誘捕，
讓善於設陷者設置
陷阱，
這麼一來再也沒有什
麼大的目標不能
達成的了。

Chapter **4**

上班族的選擇——非「它」莫屬

在這世界上，最偉大的事情，不在於我們站在何處，而在於我們正朝什麼方向移動。——奧利佛·溫德爾

10．人事─不裁員、減薪保障多

高薪不一定好，事少更不見得好，企業有前途，個人前途才更好

產業革命以後，發展出現代的工業社會，使大多數人離開了
農村，到企業或各種單位去上班。如今，大多數人在其一生
中，多少都有機會當上班族，上班族指的就是在企業中工作
的個人。一個人離開學校要成為一個上班族，或是一個上班
族要轉換到另一個企業去上班，他們都面臨
了同樣的問題，就是如何選擇企業？

選擇企業要探討三個問題：
第一、　該企業的發展方向與自己設定的人生目標，是否在
同　個方向？
第二、　該企業有沒有前途？
第三、　自己在該企業有沒有前途？

我們在前面談過個人的前途，在正確的人生觀下，加強對世
局的正確認識後，給自己訂定可行的人生目標和方向。有了
自己的人生目標後，開始去尋找發展方向和自己人生目標同
一方向的企業。

要進入一個企業以前，要多收集有關該企業的資料，這樣不
但有助於自己了解該企業，應徵時知己知彼，勝算也比較大

。如果你的人生目標是當一個機械工程師，進入一個化學工廠其發展方向與你的人生目標不同，就不是個好選擇，想從事化妝品銷售，卻進入銀行上班也不合宜。不要因為進得去、待遇較高、朋友介紹、該企業很有名、有出國機會等等，這些因素而進入一個與自己設定的人生目標離得很遠的企業。

同樣的，一個企業也要定期的向其成員，說明企業的發展方向和動向，讓企業中的上班族能調整自己來適應企業的發展，當上班族的人生目標與企業的發展方向一致時，對雙方都是很有利的。

選擇好了與自己同一方向的一些企業後，接著要看該企業是否有前途，因為進入一個企業後，往後你將投注大量的精力、青春和它一起成長，如果萬一你選擇的企業經營不善而倒閉或裁撤時，那你所有的心血和努力皆成白費，年輕時或許還沒有感覺，等到四、五十歲，如果公司倒閉的話，那是比中年喪偶還嚴重的事。

在前面我談過企業的前途，企業的前途取決於它是否提供「社會機能」，它是否有適當規模和競爭力，了解這些都有助於上班族去判斷企業是不是有前途。對企業的了解也不要道聽途說，或是只要有名或規模大就好，大部分的企業都可以從公開的資料中，來判斷它是否有前途。

選擇了與自己同一方向的企業，也確定了該企業是有前途的，接下來是要探討自己在該企業有沒有前途。有四個要項可提供給你參考。

人事制度是第一個參考指標：

1975 年我們公司剛成立時，只有六、七個人，那時根本找不到員工，因為大部分的員工幾乎都到外資企業，大家都認為外資的大公司薪水高、福利好。後來，我們仔細觀察外資企業大多是生意好的時候拼命提高待遇，生意不好的時候就裁員。因此，我們就訂了一個「不裁員、不減薪」的人事制度，招了許多好的員工和公司一起成長，公司也順利的發展起來了，這制度也沿用至今。

自己在企業中有沒有前途，第一要項要看該企業的人事制度，輕易就裁掉員工的企業是不值得投入的。

人人渴望錢多、事少、離家近的工作，只可惜，天下沒有白吃的午餐！

11．昇遷—環形組織機會多

不斷地努力，對於個人昇遷是必要的

不裁員、不減薪，不代表你一定能升官發財，它只是一個基本的
保障，更重要的是要知道，你在公司的昇遷機會。

很多企業內採行所謂的「層級組織」作為昇遷的辦法，我有一個
比喻，好比山上有一座廟，上山的路四面各有一個窄樓梯，每
個樓梯都有一列人排隊，一個接著一個的爬向山上去，走在
你前面的人若走慢了，你被他擋住，也無法走快。採行「層
級組織」的企業也是如此，如果你所在的課，課長表現
較差，無法升為經理，而另外一課的課長表現好，升
了經理，原來在他底下工作與你同級的人，也就
順理成章的升了課長，也許你的能力比那個人
強，但是你的課長沒升，所以你也受影響，升
不上去。這就是「層級組織」昇遷管道的缺
點。

比較好的昇遷管道是所謂的「環形組織」，用同樣的比喻，好像
山上有一座廟，上山的路四面都是斜坡，只要有能力、肯努力的
人都可以超過前面的人走到山頂。具體的實現方法就是，一個課
內如果有人能力和課長一樣強或更強，可以把他升為與課長同等
待遇的課級專員（或其他名稱），待遇與課長相同，以後如果表現
再好，可以更往上升，不受原課長限制，就好像爬坡時，前面有
人擋住，可繞過他再往上爬一樣。

昇遷環型組織
條條馬路通羅馬，不怕被前面跑
得慢的人擋住路。

12 . 待遇—待遇重於學習好處多

金錢既非詛咒亦非罪惡，它是造福人類的東西

我把待遇放在學習之前，就是說選擇企業時，待遇比學習重要。剛進社會時，總有人會告訴我們，錢多不多不重要，最重要的是能學到東西。還有些人會建議你，畢業後先做一、兩年事，再繼續唸書。我不是很贊成這類的說法，企業跟學校是不一樣的，在學校學習是唯一的目的，企業雖也有學習的活動，它的學習主要是工作上的需要，而且企業那麼複雜的事，一、兩年內學到的東西不多，再回學校也無濟於事。專心完成學業，然後慎選企業，全心投入，開創自己的前途，是比較實際的作法。

一個上班族對企業的了解和分析總有一個限度，因此，待遇是另一個指標。待遇不好的企業，通常有兩個原因，一是獲利能力不佳，一是苛刻員工，這兩者都不利於上班族的投入。

一個人可以創造出
自己的前途，
也開創了很多別人
的前途，國家的前途
世界的前途。

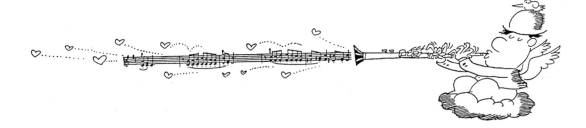

13 . 學習─工作中學習前途多

工作時，切記要努力教導自己的舌頭說：我不知道，請教我…

把學習擺在最後是有原因的，未來企業就是為了要實現「社會機能」，它不是學校，學習是每天投入工作中，就能在潛移默化中學到的。

但是企業中的教育訓練系統，對上班族還是非常重要的，所以它也是決定你在企業中是否有前途的四個要項之一。

所以總括來說，上班族對企業的選擇要考量：第一、選擇與自己人生目標同一方向的企業。第二、企業是否有前途？第三、自己在企業中是否有前途？而人事制度、昇遷管道、待遇、學習是在衡量第三點時的重要項目。

工作無處不是學問，學習無處不在。在工作中學習，也必能在工作中成長！

63

從前人們只能在樹上採集水果和吃嫩葉，現在則能加入團體圍捕大型野獸大塊吃肉，這是因為團體的力量大過一個人單打獨鬥。

嗯，的確是如此。

我如果加入你們團體會有什麼保障？

每個月最少會分得獸腿一隻，保證足以溫飽。

薪水火腿一隻。

哈！條件還真不錯，我也想加入你們這個團體行嗎？

想加入我們的團體當然歡迎，但你得證明你的能力，要看你是否真能對團體產生助益。

對呀！要面試通過才行。

我剛剛出道，沒有特別的技能，但是我身體非常靈活又有朝氣……

Prospect

前　途

不錯不錯！只要肯拚肯投入工作的就是好的人才。

最重要的是我有幹勁又肯學習。

謝謝。

好吧！歡迎你加入我們這個團體。

Chapter **5**

上班族的成長——要怎麼收穫，先那樣栽

有工作而無先見是苦工，有先見而無工作是夢想，有工作又有先見是勝利。
——佚名

14 . 上班族的德─誠實、敬業、投入

你正在做的事，就是你生命中最偉大的事，無論你是在寫程式或是在吃蘋果

今天的社會是一個分工很細的社會，一個年輕人很難不進入企業，不經歷上班族這個階段而有所成長，畢竟一個人的力量和資源是有限的。因此，當一個上班族慎重的選擇了一個與自己同方向、有前途也能發展自己的企業，投入其中後，如何在企業中成長？

上班族的成長有五個要素，這是放諸四海皆準的，在任何企業，能掌握這五個要素，成功的機會就比較大。這五個要素就是 ─ 德、才、能、拼、群。

在德的方面
沒有任何企業願意培養或重用一個沒有德的員工，這裡所說的德不是指「乖乖牌」，而是企業的品德，也就是誠實、敬業、投入。

關於誠實
有一年，我到美國希爾斯（sears）總部去拜訪，這座104層世界最高的大樓座落於美國芝加哥鬧區，是世界上最大百貨公司，希爾斯百貨公司這個百年老店最引以為傲的。在他們宏偉的會議室牆上，貼著兩行標語：

不可碰希爾斯的錢（DON'T TOUCH SEARS MONEY）
不可碰希爾斯的女人（DON'T TOUCH SERAS WOMEN）

我問他們為什麼會貼上這兩行標語，他們說希爾斯的傳統對
待員工是很寬厚的，員工有功就加以獎勵及晉升，有過則很
少處罰，但是這兩個戒律，就是侵佔公司資產及亂搞男女關
係，誰犯了就得離開公司，這個紀律也維護了希爾斯百年來
屹立不搖的地位。

企業有所謂的「五大資產」，就是財務資產、人資產、信用
資產、資訊資產及智慧資產，這些資產是由企業中所有員工
及股東的貢獻所創造出來的。任何人侵犯了公司的資產（任
何一種資產）都是侵害了大家努力的成果，必不容於該團體
。另外，企業本身是提供社會機能的團隊，企業中的成員，
不論男女都是有緣的同事，應該像兄弟姊妹一樣在一起奮鬥
，在企業內亂搞男女關係不但破壞自己的名聲，也會影響企
業全體成員的形象。當然，我們所說的並不包括同事間談戀
愛、結婚的例子，那是好事情。

關於敬業

1990 年初期，我剛到中國的時候，最不習慣的就是到國營
的餐廳吃飯，那些服務小姐大多愛理不理的，服務態度也不
好。後來比較熟了，有一天，我笑著問她們說：「妳們為什
麼整天坐在那裡，不好好把事情做好呢？」她們回答說：

「有什麼好做的？做也是那麼多錢，不做也是那麼多錢。」
我嚇了一跳說：「那妳們已經拿不到多少錢了，又白白把生
命浪費掉！。」她們也嚇了一跳說：「你怎麼這樣說話呢？」
我說：「對啊！時間是生命的原料，妳們做時間也是過，不
做時間也是過，做還可以學到一些東西，多認識一些人，多
增廣一些見識。薪水是企業發的，時間是妳們自己的。」敬
業是尊敬自己的工作也是尊敬自己。

關於投入

在多年擔任主管的經驗中，有時候我的幹部會來跟我說，我
們登報卻找不到人才，我說，怎麼會找不到人才，整廠都是
人才！

人才的定義，不是他畢業於某名校、長得很體面、能言善道
等等，而是他肯不肯全心投入工作。肯投入就是人才，肯
投入就教得會。

要記得，不管在何種企業，德是最重要的，
企業的德就是誠實、敬業、投入，
德在上班族的五大成長要
素中，最少佔有50%的份
量。

有的人很小就畫出自己
的前途，
有的人則是隨波逐流
到處碰機運。

15．上班族的才－三種語言、四大技術

要做VIP上班族，除了英文、日文、電腦外；開發、複製、管理、交換技術缺一不可

在一個高速變化的時代裡，企業也隨著快速的應變，知識的增加對企業中的上班族來說，是愈來愈重要了。

什麼是上班族最重要的知識呢？我曾經把它歸納成「三種語言」「四大技術」。

我所說的三種語言是指：英文、日文、電腦語言。

過去英文對我們是很重要的，未來英文卻是不可或缺的，網際網路普及後，地球村漸漸形成了，國際間人與人的溝通更加頻繁，英文更會成為國際語言，二十一世紀不會英文的人，會好像今天不會說國語，只會說方言的人一樣。

日文是亞洲最富有、最高科技國家的語言，對中國人來說，學好日文有助於吸取和應用大量的日本資源。

電腦語言在二十一世紀是全球必備的語言，未來不知如何使用電腦將與今天的文盲沒什麼不同。

三種語言是所有上班族都需要的知識，四大技術則隨個別行

業甚至個別公司而有所不同。我曾經寫過一本書叫「四大技術」，每一個行業都有「四大技術」，就是開發技術、複製技術、管理技術和交換技術。

開發技術指的是一個企業開發新產品或新服務的技術。複製技術指的是將開發技術的結果，大量複製的技術。管理技術是管理整個企業運作的技術。交換技術指的是與其他企業從事交易的技術，因為企業並不生產所有的原料和服務，有些需要向人買，企業的結果也不是要自用的，而是要賣給別人的，因為要從事買與賣，就需要交換技術。

強化自己的「三種語言」和「四大技術」，也就是充實自己的「才」（知識），是上班族成長的第二個要素。

如何增加自己的知識？在企業中增加知識的方法，有一個最重要的觀念 —「不會就要問。」

不恥下問，遠自孔夫子以來就是我們的美德，不要擔心職位在你之下的員工會譏笑你。大家都認為孔子學識淵博，於是有人問孔子如何種田？孔子說，種田我不如老農。有人問孔子如何種花？孔子說，種花我不如老圃。我想，這是一個基本正確的態度。

不管你在公司的職銜是什麼，不管你年紀有多大，你總會有不明白的地方，不明白就要問。即使全部的人都會只有你不會，你也要問，這樣才能增加自己的知識。

不懂就問，不會就查。多看、多聽、多想想，不知道就說不知道。

16．上班族的能—貫徹到底、解決問題

工作就是行動與熱情，只有貫徹到底，才能解決問題

第三個成長要素是能，也就是能力，這裡所說的能不是指很
能幹的意思，講話很快、很清晰或是動作很快、很靈巧，這
些是能幹的表現。但是真正的能力是貫徹到底，能貫徹工作
、解決問題的能力。

最近有一種管理叫做「剝五層皮」也就是針對任何問題問五
次。舉例來說：

問：「機器為什麼壞掉？」
答：「電源開關壞了。」
問：「電源開關為什麼壞掉？」　（第二問）
答：「電源開關中的保險絲斷掉」
問：「保險絲為什麼斷掉？」　（第三問）
答：「材質不好」
問：「材質為什麼不好？」　（第四問）
答：「因為摻了雜質」
…………

通常問了四、五次之後，大概都可以摸清楚問題癥結所在。
這種貫徹的能力是工作執行中最重要的。所以我經常在主管
會議時提醒公司內的主管：主管是管細節的。在此也順便要

澄清一種錯誤的觀念，有些人認為主管就是大綱指導一下，之後的細節部分由下屬自己去做。這不對，工作大綱只要是參與的一份子都應該知道，主管則是管細節的。

有一年，有幸跟英國前首相柴契爾夫人同桌吃飯，我們就問她，貴為首相她是否也下廚房做飯菜，她笑著說：「當然了！」然後她很仔細的說著，食物、溫度和調味品的搭配細節，足足講了十多分鐘，她是一個很聰明、反應很快的人，接著她話鋒一轉，說政治也是如此，許多問題都是由細節組成的，主管能深入細節，底下的人就不敢馬虎，問題才能迎刃而解。

上班族也應如此，養成凡事貫徹到底的習慣，能力就會與日增加。

17 . 上班族的拼─拼命工作

有拼才有贏，做得多，學得更多

上班族有良好的品德，努力增加自己的知識，培養貫徹到底的能力，接著要談的是第四個成長要素「拼」，就是拼命工作。

過去，曾經有一位從外資廠商轉任我們公司的新進主管，到公司擔任生產有關部門的經理，他是一個很優秀很有效率的人，他在工廠繞了好幾個禮拜，發現公司的員工經常加班到很晚，不管男女都一樣。

有一天，他跑到我的辦公室，說有一個問題要向我請教，他說：「溫總，你覺得沒有效率的工作十二小時好呢？還是很有效率的工作八小時比較好呢？」我當然知道他不是真的要請教我，我笑笑的注視著他說：「你既然知道什麼叫有效率的工作八小時，你為什麼不有效率的工作十二小時呢？那不是可以遠遠超過別人嗎？」

人跟人的差距並沒有我們想像的那麼大，每個人都是有著同樣的器官和同樣的每天二十四小時，工作是一個學習的過程，也是一個遺忘的過程，有效率的每天工作十二小時，其結

果不只是工作八小時者的 1.5 倍，而是學得更多、忘得更少。幾個月之後，兩邊的程度就拉遠了。在這競爭的世代，要對社會做更大貢獻，就要擁有這種精神。

這個世界上每個人的聰明才智差異並不大，努力才能讓你有成就。

18．上班族的群—與人合作、訊息共享、集體學習

一個人無法折斷一把筷子，惟有集合眾人之力，方能眾志成城

上班族成長的第五個要素就是合群，就是學會與人合作、訊息共享、集體學習。

一個人的力量有限，再努力工作也還是十二小時。如果能和人合作，共同分享彼此的成果，那成長絕對是以倍計。要別人支援你、幫助你，你就不要吝惜先伸出手。以我曾擔任工程師的經驗和各位分享，工程師常花了很多時間才研究出一點小小的成果，於是覺得很寶貴，當別人來問的時候，就捨不得告訴對方。這不算是小氣，只是覺得對方也應該和我花同樣的努力，怎麼可以不勞而獲。其實，當你這麼想，別人何嘗不是這麼想，於是整體的成長就有限了。

群不是嘻皮笑臉，每天請人吃飯、阿諛諂媚，而是訊息共享、集體學習。做到以上五點，企業人就能在企業快樂的成長，獲得最大的收穫。　一個上班族，設定正確可行的人生目標，再找一個跟自己目標同一方向的企業，確定這個企業有前途，也確定自己在該企業有發展，全心投入那個企業。然後在該企業裡面以德、才、能、拼、群五個要素努力成長，那麼十年、二十年後，會變成什麼樣子呢？接著我們要探討的就是上班族的前途。

從此人類的祖先由樹木生活
的家族結構，走向草原的團
體社會群居。

大家各司其職負責自己能力所長的工作，團結共同抵
抗環境的壓力，也一起合作追求團體的利益……

婦女們在家裡養育子女，並在居
住的四周負責採集工作……

啊！又發現了一株成熟了的草莓…

這幾朵花真美麗，摘回去佈置家裡。

哈哈！滿載而歸，收獲真多。

這種沒有預期目標的採集
工作也就演變為今天婦女們
喜歡逛街買東西的天性！
這是另外一個故事……

而男人，則是群體行動，
朝向一個需要看時間才能
達成的大目標邁進……

大家共同為一個大目標奮鬥，
為這遠大理想付出生命
來維護團體的利益。這也就是
形成今天企業團體的由來……

人，
由幾百萬年前
在草原上形成
的狩獵團體……

慢慢的演變到今天的工商社會
團體。
幾百萬年以來，人都一直是群
體的動物，因為
人知道沒有通過合作的話，
個人的能力發揮不了很大的作
用……

Chapter **6**

上班族的前途—— 追逐「心」方向

小機會時常是大事業的開始。
——佚名

追逐財富名利之前，請
先確認心的方向。

19 . 成為主管

主管並非權力的主宰，而是使命的負責人

大部分的企業組織，多是由一般職員到組長、課長、副理、經理、副總 ....，依次升上去，不同的企業可能有不同的職銜，這不只是企業的階梯，也是上班族磨練和成長的過程。

主管的意義，並不是權力的主宰。而是公司提供更多的資源讓你發揮。

古時賢人是如何來看待「升官」呢？當皇帝第一次升他官，他頭不敢抬，當第二次再升官，他連肩膀也垂下去，皇帝最後升他做宰相，他連走路都沿著牆走，可見升官的責任有多重大。

現今不管資本主義或社會主義的社會，同樣對升官、當主管常存在著一些誤解。主管並不是權力的主宰，而是使命的負責人。公司給你更多的資源，包括更多的人、更多的錢，讓你發揮更大的戰力，這是主管的定義。當然隨著貢獻的增加，自然收入也豐厚得多。

欲享有權利，
就當盡義務。

20．自我創業

中國人最愛當老闆，老闆人人愛做，卻不是人人可以做

在企業內工作了一段時間後，有些人認為自己的能力夠，往往會有自行創業的打算。在過去20多年的主管經驗，我帶過一、兩萬名的員工，有些人一直在公司內努力，希望成為更高層的主管，有些人則離職去創業，那些去創業的人，有的是比較不好意思講，多隨便找一個理由，偷偷的跑了。有些人比較開朗，他會跑來跟我講，他要去創業。我總認為創業又不是作奸犯科，是自我向上、自由發展的想法，何況在這社會上每一股向上的力量，都應該受到鼓勵。因此，對每一個來找我，說要離職去創業的同事，我通常會給他們一些建議。

我最常問他們的問題是：「你是否具備了創業的條件？」什麼是創業的條件呢？創業最少要具備五個條件，你有這五個條件，還不一定會成功，但是，你沒有這五個條件，失敗的機率就很大了。

創業至少要有五個條件：
1． 專業知識
曾經有一位員工是機械設計工程師，有一天他突發奇想跑來

找我告訴我，他要創業去賣皮鞋。我想，創業不是壞事，就問他，為什麼要賣皮鞋？他說，我爸爸是賣皮鞋的。「那你有專業知識嗎？」我問。

「賣皮鞋需要什麼專業知識？我連這麼複雜的機械都設計得出來，賣皮鞋有什麼困難。」他回答。

我說，那可不一定，每一行都有每一行的專業，皮鞋當然有它的學問。所以開店前最好能到鞋店去工作一陣子，具備了專業知識才能創業。

2·業務能力

我有一個朋友在日本的中餐廳當廚師，他的廚藝精湛，每到一家餐廳，餐廳的生意就扶搖直上。他心想，與其為人作嫁，乾脆自己來開。但是，每次開，每次倒。他覺得很奇怪就來問我，其實他就是沒有業務能力。固然你能做出好吃的菜，可是你也不能低估外面的領檯、點菜的經理，他們有銷售的能力。只會生產不會銷售，是沒有用的。

3·組織能力

企業是一個層層負責的結構，你有沒有辦法領導你的員工在工作分派、在制度規章等，解決每一個他們的問題，讓整個公司運作起來。

4・理財能力

平常你有沒有記帳的習慣，如果連自己的錢都疏於管理，如何管理整個公司的錢呢？

5・資金

最後一個創業條件才是資金。這點往往被大家本末倒置，以為只要向親戚朋友拿點錢就可以創業。這是很大的誤解。

前述五個條件是企業人未來想創業前務必要考慮到的，思慮愈周延，準備愈周密，成功的機會也愈大。

自我創業有這五種條件不一定會成功，但，沒有這五種條件則一定會失敗！

21．企業內創業

免除風險，又有前途，企業內創業，造福上班族

這是最近幾年來發展出來的概念。企業內創業的概念是「成為主管」和「自我創業」的 Hibrid (混合體)，「混合體」概念的出現也是有鑒於「主管」再大仍是別人的職員，而創業卻是要負擔很高的風險。

上班族離開企業去創業，從整體社會的觀點來看，是一種損失。一個人離開了他熟悉的環境和有默契的同事，重新開始一個生涯，有很多過去做過的事，要再重做一遍。對企業也是一大損失，多年培養的心血不見了，尤其是大多數上班族去創業，多從事與原企業類似的行業，競爭固然能刺激進步，但太多人從事同樣的行業，對社會是一種浪費。因此，最近有些管理學家提出「企業內創業」的構想，就是讓上班族能夠在企業內努力，一直往上升，最後成為企業主，企業主不一定是擁有很多公司股票的人，而是有總經理甚至董事長的頭銜，有權力做決定，其收入與企業的收入成正比。

這樣好的構想能不能落實，與原企業主的觀念有很大的關係，記得有一年，我到國外去推銷電子產品，在飛機上，我隔壁剛好坐著一位七十幾歲的老先生，他是一位我非常尊敬的企業界前輩。我和他聊了起來：我說：「老先生，您要到國

外玩嗎？」他說：「不，我要去推銷產品。」（我嚇了一跳，因為印象中他已經很早就不管事了。）我說：「您不是半退休狀態嗎？為什麼不在家裡享清福，要像我們年青人一樣去國外推銷產品打拼呢？」他說：「哎啊！你不知道，我們公司總經理自己出去開了一家公司，專門和我們打對台，我兒子快頂不住了，老身只好親自出馬！」因為我和他很熟，我就問他：「總經理不是跟了你好幾十年，他的人不是很老實，很效忠公司嗎？你不是也很信任他嗎？」他說：「就是嗎！他做了十幾年的總經理，再也升不上去，所以想自己去當老板了。」我說：「那你為什麼不乾脆讓他當董事長呢？我知道國外許多大公司，董事長都是外聘的。」他瞪了我一眼，說：「怎麼可以呢？董事長是我兒子做的啊！」

嗯，到底是自己創業好呢？還是去上班好呢？

當然，這也許是年長者的想法，但當時我心理覺得很納悶，企業是社會的公器，二十一世紀將屆，還有人把企業當自己口袋中的傳家寶，要傳給子孫，實在是令人大惑不解。

一個人也許可以將他的金錢、房地產或是股票等傳給他的子孫，但提供「社會機能」的企業，基本上應是有德者、有能者居之，才能讓永續經營的企業生生不息、常存于世。

咦，企業內創業？聽起來不錯，就去這家公司應徵好了！

理論上，企業內創業兼具成為主管與自我創業，應是對上班族、企業主和社會最好的方式。當然，任何偉大的管理理論在私心面前，都會變得蕩然無存的。但是，至少「企業內創業」給上班族的前途提供了一個新的方向。

經過幾百萬年來人類的合作，人已經由個人條件不十分優良的情況演化為地球生命中最有智慧、有力量的物種，這全是因為由於人懂得運用個人的力量凝聚成為團體的力量所致。

團體的前途

個人的前途

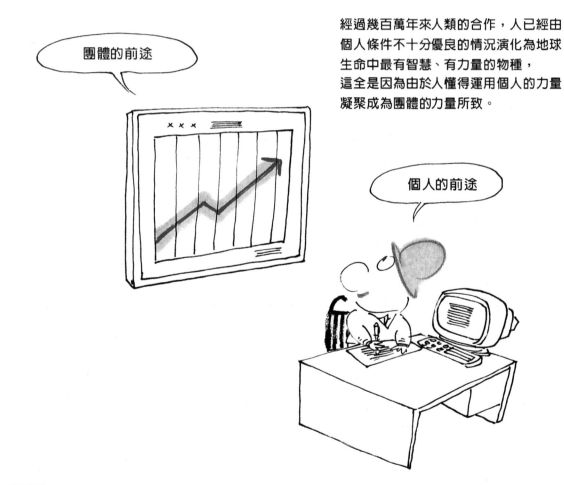

啦啦啦啦☆

人，
從出生牙牙學語開始他的一切行為都是在
為由個人走入團體做努力……

A、B、C、

這是我的名片，
請多指教！

Prospect

前　　途

所以每個人在他的人生
之中的任何階段，都
應該隨時把自己的未
來與前途這件事擺
在心上，認真的去面
對這個問題，並為它
付出努力！

我是什麼？
我的前途是什麼？
我的未來是什麼？

Chapter **7**

白色蝴蝶——羅勃的人生之舞

當一個人在場時，他讓我們聆聽；當他離開後，他讓我們思考，
這樣一個人，證明了他有價值。——佚名

對於注重健康、熱愛生命、永遠向前看的人來說，年齡只是一個數字。

我第一次見到羅勃是 1977 年。那一年我們在台灣是第一家生產電子收銀機的，在當時的台灣，電子收銀機是相當高科技的產品，尤其是那大型而精密的塑膠上殼模具，我們雖然已找當時台灣最大的模具工廠承包，還是遇到了技術上的瓶頸。

我們向我們的客戶求援，美國原廠的客戶本身是大型的收銀機製造廠，他們回答說：「沒問題，三天後會派我們的模具專家羅勃到台北去，他 172 公分，中等身材，滿頭白髮，穿白色夾克，請你們到機場接他。」

那天，我們在機場第一次看到羅勃，四十多歲的樣子，滿頭發亮的白髮，穿著白上衣、白褲子、白夾克，連輕便的鞋子都是白色的，海關檢查完行李後，我們向他招手，他提著白色的旅行袋，輕快的走出來，好像是踩著舞步一樣。

往後的一個月，我都和羅勃在一起，那是我一生中對模具學得最多的日子，也體認到模具技術的複雜與高深，幾乎從那個時候起，我每次見到模具就會有一種虔誠的感覺。

羅勃的工作精神和對模具的專業，幾乎已到了一種無法形容的境界，記得第一次他和我們去拜訪模具廠，看到模具廠的小工站在巨大的鋼模上，用砂紙磨著模具內側，羅勃走過去，輕輕的將那小工抱下來，用他的白色手帕將工人的腳印擦

乾淨，然後對我們說：「這鋼模表面上是堅硬無比，其實是軟的，任何不必要的壓力，長期都會使它變動零點零零幾公分，就會影響模具的品質和壽命。」接著，他用一種嚴肅的表情說：「我們要像照顧一個剛出生的孩子一樣的，去照顧我們的模具。」

那家模具廠的老闆，一向被公認是台灣最權威、最慎重的模具專家，對自己的技術也很有信心，幾天一起工作下來，也不禁感歎：「看來我們台灣的模具技術只是剛剛起步。」

「試模」是模具剛完成的時候，進行初次的塑膠射出成型，一向是工程師最辛苦的工作。在那段時間裡，羅勃常常是不眠不休的，有時加班到很晚。我經常是早上九點鐘左右到公司的，每次我到公司時，羅勃都會精神飽滿的跑到我的辦公室，進門就說：「早，世仁，你今天早上有沒有帶著一個微笑起床！」接著跟我報告工作的情況，後來我才知道，那一陣子他雖然每天加班到一、兩點，早上還是八點鐘工廠開工時就到了，從來沒有遲到，這事讓我很慚愧。

有一次，工作告一段落，我告訴羅勃那天晚上要請他出去玩，他很高興的說，他最喜歡跳舞，這一陣子，好久沒有跳舞了。於是我們請羅勃到一家舞廳跳舞，那舞廳很大，大概可以容納五、六百人，羅勃很興奮，整晚跳個不停，我因為不會跳舞，只好坐著看他的舞姿，羅勃幾乎是整個舞廳裡跳得

最好的，許多舞也跳得很好的女孩，都跑來和他一起跳，漸漸的，舞廳裡很多人都發現了這個白頭髮的老外是跳舞的高手，乾脆不跳了，坐下來觀賞他跳舞。舞廳裡的樂隊也特別專為他彈奏較困難的舞步，最後在一個快節奏的旋轉舞步時，全場跳舞的人都停下來，五、六百人盯著羅勃和他的舞伴跳舞，幾乎已成了一場表演，羅勃的女舞伴剛好也穿著白色紗質的衣服，音樂越奏越快，兩人幾乎是在快速旋轉，連人都快看不清楚了，彷彿是一對在空中旋轉飛舞的白色蝴蝶。

舞曲一結束，全場一片encore的叫聲和掌聲，羅勃也不負眾望，一舞再舞。舞廳的經理告訴我，那晚是他們有史以來最熱鬧和歡樂的一晚。

羅勃除喜歡跳舞外，還喜歡談一些人生的哲理，有一次我很好奇的問他：「你的頭髮為什麼會變成白色的呢？」他哈哈大笑說：「人老了，頭髮自然會變白的，我今年已經69歲了！」這事讓我們都大吃一驚，因為我們幾乎無法相信自己的眼睛。

收銀機的模具成功了，羅勃要走的日子近了，大家都依依不捨，羅勃給大家帶來的，不止是模具的技術和工作精神，是一種對工作的尊敬，對生命的樂觀，和隨時給週遭的人帶來歡樂的生活態度。羅勃終於走了，從那時起我也沒有再看到他了，但是我們心中永遠忘不了他。

1978 年中，羅勃寫了一封信給我，信中提到了許多話家常的事，也很懷念在台北的日子，他在信中寫道：「…我剛過了 70 歲的生日，最小的孫子最近也結婚了，公司的生意越來越差，我打算離開目前這家公司，我已經 70 歲了，總要為自己的前途打算……」

看到這裡，眼中彷彿又看到那一對白色蝴蝶在空中旋轉飛舞，對於注重健康、熱愛生命，永遠向前看的人來說，年齡似乎只是一個數字。

如果我們不為自己的
前途做深遠的考慮…
將來受苦的不只是我們
自己，還連累了我們的
家人。

Chapter 8

後記——生之勇氣

美好的生命態度，就像軟木，它能幫你浮起，不良的態度就像鉛塊
它會讓你下沈。——佚名

古龍曾經寫過一個小女孩的故事，一個從小雙目失明的小女孩，很早就沒有了父母，跟她白髮的祖父在江湖上走唱，他們所唱的是悲歌，他們自己就是人生的悲歌。有一天，她的祖父不幸被人害死了，這小女孩失去了一切，緊緊的抱住她的小琵琶，像是抱著世界上的最後一根浮木，旁邊的人都為她流淚，他們問她：「妳今後打算怎麼辦？」事實上，大家心裡都知道這可憐的小女孩已無路可走了。沒想到這個一直活在黑暗中的小女孩擦乾眼淚站起來，用很明朗的聲音說：「我要繼續唱下去，一直唱到死為止！」

春蠶到死絲方盡，人的一生也是如此，只要是活著，就可以繼續唱下去。

「前途」有時已被我們解釋成「發展」或是「希望」，但是對於生存的人來說，前途指的就是實實在在、活生生的「前面的路」。當一切都失去時，我們還是會擁有「前面的路」。一個人如何在苦難中學會成長，在傷痕中站起來，繼續邁向前去，那就是「前途」，那就是生之勇氣。

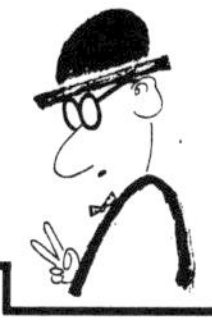

Smile 07

前　途

作者：溫世仁　　繪圖：蔡志忠

責任編輯：韓秀玫

美術編輯：冰塊工作室

法律顧問：全理律師事務所董安丹律師

發行人：廖立文・出版者：大塊文化出版股份有限公司

台北市105南京東路4段25號11樓　**讀者服務專線：080-006689**

TEL：(02) 87123898　FAX：(02) 87123897

郵撥帳號：18955675　戶名：大塊文化出版股份有限公司

e-mail:locus@locus.com.tw

國家圖書館出版品預行編目資料

前途= Prospect ／ 溫世仁著；蔡志忠繪圖. --
初版. -- 臺北市：大塊文化，1997 [民　　86]
面：　公分. -- (Smile；7)
ISBN 957-8468-10-5 (平裝)

1.生涯規劃
2.修身

192.1　　　　　　86003483

台北市羅斯福路六段142巷20弄2-3號

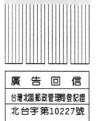

大塊文化出版股份有限公司　收

地址：_____市／縣_____鄉／鎮／市／區_____路／街_____段_____巷

弄_____號_____樓

姓名：

編號：SM007	書名：前途

讀者回函卡

謝謝您購買這本書,為了加強對您的服務,請您詳細填寫本卡各欄,寄回大塊出版 (免附回郵) 即可不定期收到本公司最新的出版資訊,並享受我們提供的各種優待。

姓名:＿＿＿＿＿＿＿＿＿＿＿**身分證字號:**＿＿＿＿＿＿＿＿＿＿

住址:＿＿＿＿＿＿＿＿＿＿＿＿＿＿＿＿＿＿＿＿＿＿＿

聯絡電話: (O)＿＿＿＿＿＿＿＿＿ (H)＿＿＿＿＿＿＿＿＿

出生日期:＿＿＿＿年＿＿＿月＿＿＿日

學歷: 1.□高中及高中以下　2.□專科與大學　3.□研究所以上

職業: 1.□學生　2.□資訊業　3.□工　4.□商　5.□服務業　6.□軍警公教
7.□自由業及專業　8.□其他＿＿＿＿＿

從何處得知本書: 1.□逛書店　2.□報紙廣告　3.□雜誌廣告　4.□新聞報導
5.□親友介紹　6.□公車廣告　7.□廣播節目8.□書訊　9.□廣告信函
10.□其他＿＿＿＿＿

您購買過我們那些系列的書:
1.□Touch系列　2.□Mark系列　3.□Smile系列

閱讀嗜好:
1.□財經　2.□企管　3.□心理　4.□勵志　5.□社會人文　6.□自然科學
7.□傳記　8.□音樂藝術　9.□文學　10.□保健　11.□漫畫　12.□其他＿＿＿

對我們的建議:＿＿＿＿＿＿＿＿＿＿＿＿＿＿＿＿＿＿＿

＿＿＿＿＿＿＿＿＿＿＿＿＿＿＿＿＿＿＿＿＿＿＿＿＿＿＿

＿＿＿＿＿＿＿＿＿＿＿＿＿＿＿＿＿＿＿＿＿＿＿＿＿＿＿

清清醒醒過一生

YOUR SIGNATURE PATH

Geoffrey M. Bellman—著　丁佩芝—譯

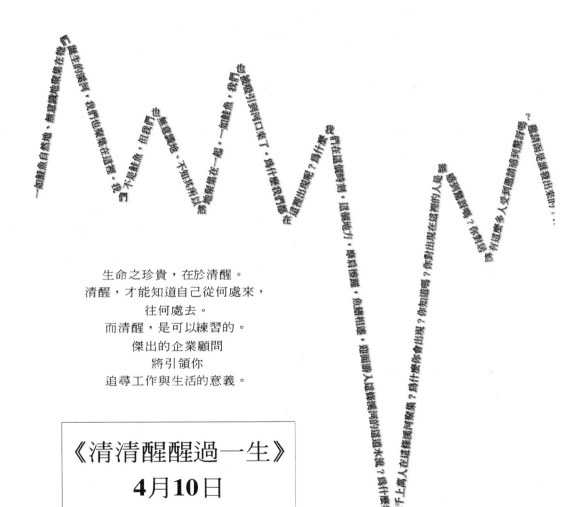

生命之珍貴，在於清醒。
清醒，才能知道自己從何處來，
往何處去。
而清醒，是可以練習的。
傑出的企業顧問
將引領你
追尋工作與生活的意義。

《清清醒醒過一生》
4月10日
清清醒醒來發行
定價：**180**元

Where are you going?

《成功致富又快樂》
天天與你同行

溫世仁—著　蔡志忠—繪圖

成功是一種觀念，致富是一種責任，快樂是一種權力；
有了成功、財富，快樂的微笑最好。

特別價
69元
換來一生受用
的成功智慧

作者簡介：

溫世仁，一位深諳儒家、
道家及孫子兵法的智者，
充滿好奇、學習的精神。
生活中，它是一位實踐家，
在企管的領域中，
更是一位爐火純青的成就者。

LOCUS

LOCUS

LOCUS

LOCUS